MON CARNET SECRET
de synchronicités

Secret d'étoiles

Dépôt légal : octobre 2023
ISBN : 978-2-3824-0146-0
N° d'édition : SR01460 (23L0302)

www.secretdetoiles.com

Qui suis-je ?

PRÉNOM, NOM

ADRESSE

CONTACT

QU'ENTEND-ON PAR « SYNCHRONICITÉ » ?

Le terme « synchronicité » a été défini par le psychiatre Carl Gustav Jung comme étant l'occurrence simultanée de deux (ou plusieurs) événements sans relation apparente de causalité entre eux, mais qui prendra tout son sens pour la personne qui les vivra ! Toujours selon Jung, la synchronicité se retrouve associée à la notion d'inconscient collectif, ce bagage universel et commun à l'ensemble des êtres humains.

Peu importe la forme qu'elle revêt, la synchronicité est définie ainsi :

- l'événement en question – le signe – survient à tout moment (il est imprévisible) ;
- il n'existe pas de lien évident entre la situation vécue et l'état de la personne qui vit la synchronicité ;
- l'importance/la signification donnée par la personne à l'événement.

HASARD, COÏNCIDENCE… SYNCHRONICITÉ ?

Hasard, coïncidence ou… message de l'univers ?
Entre toutes ces notions, il n'y a qu'un pas à franchir !
Rien dans ce monde n'arrive par hasard : il nous faudra alors être attentifs aux clins d'œil de l'univers et de nos guides pour avancer sur notre chemin de vie, car c'est comme si nous nous trouvions tout simplement au bon endroit… au bon moment !

Il n'y a pas de hasard,
il n'y a que des rendez-vous.
PAUL ELUARD

Il s'agira bien souvent de trouver en chacun de nous les précieuses réponses dont nous avons besoin afin de faire les bons choix et de nous laisser guider dans la bonne direction !

REPÉRER LES SIGNES

Avant tout, il vous faudra être à l'écoute de votre intuition ! Car c'est par elle que nous sommes capables de percevoir les synchronicités qui se présentent à nous et de les interpréter au mieux.

Les signes pourront surgir pour des petites choses du quotidien, de la même manière que les synchronicités pourront intervenir dans les moments-clés.

Le fait de nous ouvrir à notre intuition va générer de plus en plus de signes : ils vont se nourrir mutuellement et se manifester de manière de plus en plus fluide.

QUELQUES EXEMPLES DE SYNCHRONICITÉS

- Écrire un mot et l'entendre prononcé par quelqu'un à côté de vous ou bien à la télé.
- Regarder un film ou une série qui vous rappelle très exactement une situation que vous vivez.
- Écouter par hasard une musique qui correspond totalement à vos pensées du moment.
- Songer à changer d'emploi et tomber pile poil sur le poste de vos rêves.
- Vivre un enchaînement extraordinaire de « coups de chance » ou de « choses qui tombent bien », alors que vous stressiez à l'idée de courir à la catastrophe.
- Regarder l'horloge et tomber sur des heures miroirs ou des heures doubles.
- Penser à quelqu'un dont vous n'avez pas ou plus de nouvelles et le croiser à cet instant précis.
- Voir partout la même combinaison de chiffres (rue, plaque d'immatriculation, etc.).
- Voir le même nombre à chaque fois que vous vous demandez si tout va bien se passer.
- Changer de trajet le jour où il y a un accident sur votre route habituelle.

LES PRINCIPALES GRANDES SYNCHRONICITÉS

LES SYNCHRONICITÉS PAR LES NOMBRES

Les heures miroirs ou inversées : il s'agit probablement de la synchronicité la plus connue et la plus forte à l'heure actuelle : 12 h 21, 14 h 41, etc., ou dans le sens contraire : 21 h 21, 12 h 12, etc. Certains diront qu'il s'agit de messages de nos anges gardiens, d'autres de l'univers... À vous de ressentir de qui ou de quoi ils vous viennent !

Les synchronicités peuvent également se présenter par la récurrence de votre nombre fétiche. Pour ma part, le nombre 17 m'apparaît à chaque fois que je me demande si je suis dans la bonne direction.

Attention, il ne s'agit pas de les guetter : toutes ces synchronicités liées aux chiffres, nombres et heures vous parlent à un moment précis, sans que vous les ayez véritablement cherchées !

Quelques exemples : heures miroirs, heures répétées, nombres fétiches, dates de naissance, portails énergétiques tombant sur un événement précis, etc.

L'interprétation : le chiffre/nombre vu vous parle-t-il ? Pourquoi ? A-t-il une résonance particulière avec votre situation actuelle ? L'avez-vous demandé à vos guides pour répondre à un besoin d'éclaircissement ?

Vous pouvez noter ce type de synchronicités survenant dans votre vie p. 14 et suivantes.

LES SYNCHRONICITÉS PAR LES MOTS OU LES CHANSONS

Parfois, nous entendons un mot ou même une mélodie, une chanson, qui résonne particulièrement dans la situation que nous pouvons vivre, qu'elle soit positive ou non. Ainsi, nous pouvons être particulièrement tendus devant un obstacle qui nous semble insurmontable au travail et... entendre « Lâche prise ! » de l'un de nos personnages préférés en plein milieu de la série que l'on regarde pour se détendre. Alors, on se relâche inconsciemment, parce qu'effectivement, depuis notre canapé en pleine nuit, on ne peut rien faire de plus. Tout est possible !

Quelques exemples : parole prononcée par une personne dans la rue, exclamation d'un personnage d'une série qu'on adore, chanson qui résonne avec nos pensées, etc.

L'interprétation : la chanson (ou le mot prononcé) vous parle-t-elle ? Pourquoi ? A-t-elle une résonance particulière avec votre situation actuelle ? L'avez-vous demandée à vos guides pour répondre à un besoin d'éclaircissement ?

Vous pouvez noter ce type de synchronicités survenant dans votre vie p. 42 et suivantes.

LES SYNCHRONICITÉS PAR LA RENCONTRE « FORFUITE »

Qu'entend-on par « rencontre fortuite » ? Ne vous est-il jamais arrivé de parler avec une personne dans le train qui, comme hasard, travaille dans un secteur dans lequel vous rêvez de percer ? ou encore de rencontrer une personne à laquelle vous pensez à cet instant précis ? Certains individus croisent notre route pour nous aider, nous délivrer un message ou simplement pour nous rappeler la préciosité de la vie.

Quelques exemples : une personne travaillant dans l'entreprise de nos rêves, une amie qui vient vous soutenir alors que vous êtes en difficulté, etc.

L'interprétation : cette rencontre vous parle-t-elle ? Pourquoi ? A-t-elle une résonance particulière avec votre situation actuelle ? L'avez-vous demandée à vos guides pour répondre à un besoin d'éclaircissement ?

Vous pouvez noter ce type de synchronicités survenant dans votre vie p. 70 et suivantes.

LES SYNCHRONICITÉS PAR L'OBJET TROUVÉ

Dans la rue quand on marche, sur le seuil de son foyer, etc. : cet objet se présente à nous de manière à ce que nous ne puissions pas le rater.

Quelques exemples : plume, pièce de monnaie, bijou perdu, livre au titre évocateur, etc.

L'interprétation : cet objet vous parle-t-il ? Pourquoi ? A-t-il une résonance particulière avec votre situation actuelle ? L'avez-vous demandé à vos guides pour répondre à un besoin d'éclaircissement ?

Vous pouvez noter ce type de synchronicités survenant dans votre vie p. 98 et suivantes.

LES SYNCHRONICITÉS PAR L'ANIMAL CROISANT NOTRE ROUTE

Autrefois, les animaux tenaient une place particulière dans les croyances parcourant nos campagnes : on parlait alors de présages. Ainsi, le vol d'oiseaux dans une direction particulière annonçait de belles récoltes.

Ne vous est-il jamais arrivé, sur la route et « perdu » dans vos pensées à ressasser vos angoisses, de croiser une magnifique biche et de vous rendre compte que finalement vous pouviez vous en sortir ?

Bien sûr, vous pouvez également tomber sur une peinture animalière, un logo représentant un animal, etc.

Quelques exemples : abeille, coccinelle, papillon, biche, etc.

L'interprétation : parfois, il peut s'agir de votre animal totem ou d'un animal avec une symbolique particulière (abondance, chance, etc.). Là aussi : cet animal croisé vous parle-t-il ? Pourquoi ? A-t-il une résonance particulière avec votre situation actuelle ? L'avez-vous demandé à vos guides pour répondre à un besoin d'éclaircissement ?

Vous pouvez noter ce type de synchronicités survenant dans votre vie p. 126 et suivantes.

Retrouvez quelques pages à personnaliser dans le cas où d'autres types de synchronicités se présenteraient à vous (p. 154 et suivantes).

SYNCHRONICITÉS

LES NOMBRES ET LES HEURES

Date :

Moment de la journée :

Situation :

Nombre, heure :

Interprétation :

SYNCHRONICITÉS

LES NOMBRES ET LES HEURES

Date :

Moment de la journée :

Situation :

Nombre, heure :

Interprétation :

SYNCHRONICITÉS

LES NOMBRES ET LES HEURES

Date :

Moment de la journée :

Situation :

Nombre, heure :

Interprétation :

SYNCHRONICITÉS

LES NOMBRES ET LES HEURES

Date :

Moment de la journée :

Situation :

Nombre, heure :

Interprétation :

SYNCHRONICITÉS

LES NOMBRES ET LES HEURES

Date :

Moment de la journée :

Situation :

Nombre, heure :

Interprétation :

SYNCHRONICITÉS

LES NOMBRES ET LES HEURES

Date :

Moment de la journée :

Situation :

Nombre, heure :

Interprétation :

SYNCHRONICITÉS

LES NOMBRES ET LES HEURES

Date :

Moment de la journée :

Situation :

Nombre, heure :

Interprétation :

SYNCHRONICITÉS

LES NOMBRES ET LES HEURES

Date :

Moment de la journée :

Situation :

Nombre, heure :

Interprétation :

SYNCHRONICITÉS

LES NOMBRES ET LES HEURES

Date :

Moment de la journée :

Situation :

Nombre, heure :

Interprétation :

SYNCHRONICITÉS

LES NOMBRES ET LES HEURES

Date :

Moment de la journée :

Situation :

Nombre, heure :

Interprétation :

SYNCHRONICITÉS

LES NOMBRES ET LES HEURES

Date :

Moment de la journée :

Situation :

Nombre, heure :

Interprétation :

SYNCHRONICITÉS

LES NOMBRES ET LES HEURES

Date :

Moment de la journée :

Situation :

Nombre, heure :

Interprétation :

SYNCHRONICITÉS

LES NOMBRES ET LES HEURES

Date :

Moment de la journée :

Situation :

Nombre, heure :

Interprétation :

SYNCHRONICITÉS

LES NOMBRES ET LES HEURES

Date :

Moment de la journée :

Situation :

Nombre, heure :

Interprétation :

SYNCHRONICITÉS

LES MOTS ET LES PAROLES

Date :

Moment de la journée :

Situation :

Mot, parole, chanson :

Interprétation :

SYNCHRONICITÉS

LES MOTS ET LES PAROLES

Date :

Moment de la journée :

Situation :

Mot, parole, chanson :

Interprétation :

SYNCHRONICITÉS

LES MOTS ET LES PAROLES

Date :

Moment de la journée :

Situation :

Mot, parole, chanson :

Interprétation :

SYNCHRONICITÉS

LES MOTS ET LES PAROLES

Date :

Moment de la journée :

Situation :

Mot, parole, chanson :

Interprétation :

SYNCHRONICITÉS

LES MOTS ET LES PAROLES

Date :

Moment de la journée :

Situation :

Mot, parole, chanson :

Interprétation :

SYNCHRONICITÉS

LES MOTS ET LES PAROLES

Date :

Moment de la journée :

Situation :

Mot, parole, chanson :

Interprétation :

SYNCHRONICITÉS

LES MOTS ET LES PAROLES

Date :

Moment de la journée :

Situation :

Mot, parole, chanson :

Interprétation :

SYNCHRONICITÉS

LES MOTS ET LES PAROLES

Date :

Moment de la journée :

Situation :

Mot, parole, chanson :

Interprétation :

SYNCHRONICITÉS

LES MOTS ET LES PAROLES

Date :

Moment de la journée :

Situation :

Mot, parole, chanson :

Interprétation :

SYNCHRONICITÉS

LES MOTS ET LES PAROLES

Date :

Moment de la journée :

Situation :

Mot, parole, chanson :

Interprétation :

SYNCHRONICITÉS

LES MOTS ET LES PAROLES

Date :

Moment de la journée :

Situation :

Mot, parole, chanson :

Interprétation :

SYNCHRONICITÉS

LES MOTS ET LES PAROLES

Date :

Moment de la journée :

Situation :

Mot, parole, chanson :

Interprétation :

SYNCHRONICITÉS

LES MOTS ET LES PAROLES

Date :

Moment de la journée :

Situation :

Mot, parole, chanson :

Interprétation :

SYNCHRONICITÉS

LES MOTS ET LES PAROLES

Date :

Moment de la journée :

Situation :

Mot, parole, chanson :

Interprétation :

SYNCHRONICITÉS

LA RENCONTRE FORFUITE

Date :

Moment de la journée :

Situation :

Personne rencontrée :

Interprétation :

SYNCHRONICITÉS

LA RENCONTRE FORFUITE

Date :

Moment de la journée :

Situation :

Personne rencontrée :

Interprétation :

SYNCHRONICITÉS

LA RENCONTRE FORFUITE

Date :

Moment de la journée :

Situation :

Personne rencontrée :

Interprétation :

SYNCHRONICITÉS

LA RENCONTRE FORFUITE

Date :

Moment de la journée :

Situation :

Personne rencontrée :

Interprétation :

SYNCHRONICITÉS

LA RENCONTRE FORFUITE

Date :

Moment de la journée :

Situation :

Personne rencontrée :

Interprétation :

SYNCHRONICITÉS

LA RENCONTRE FORFUITE

Date :

Moment de la journée :

Situation :

Personne rencontrée :

Interprétation :

SYNCHRONICITÉS

LA RENCONTRE FORFUITE

Date :

Moment de la journée :

Situation :

Personne rencontrée :

Interprétation :

SYNCHRONICITÉS

LA RENCONTRE FORFUITE

Date :

Moment de la journée :

Situation :

Personne rencontrée :

Interprétation :

SYNCHRONICITÉS

LA RENCONTRE FORFUITE

Date :

Moment de la journée :

Situation :

Personne rencontrée :

Interprétation :

SYNCHRONICITÉS

LA RENCONTRE FORFUITE

Date :

Moment de la journée :

Situation :

Personne rencontrée :

Interprétation :

SYNCHRONICITÉS

LA RENCONTRE FORFUITE

Date :

Moment de la journée :

Situation :

Personne rencontrée :

Interprétation :

SYNCHRONICITÉS

LA RENCONTRE FORFUITE

Date :

Moment de la journée :

Situation :

Personne rencontrée :

Interprétation :

SYNCHRONICITÉS

LA RENCONTRE FORFUITE

Date :

Moment de la journée :

Situation :

Personne rencontrée :

Interprétation :

SYNCHRONICITÉS

LA RENCONTRE FORFUITE

Date :

Moment de la journée :

Situation :

Personne rencontrée :

Interprétation :

SYNCHRONICITÉS

L'OBJET TROUVE

Date :

Moment de la journée :

Situation :

Objet :

Interprétation :

SYNCHRONICITÉS

L'OBJET TROUVÉ

Date :

Moment de la journée :

Situation :

Objet :

Interprétation :

SYNCHRONICITÉS

L'OBJET TROUVÉ

Date :

Moment de la journée :

Situation :

Objet :

Interprétation :

SYNCHRONICITÉS

L'OBJET TROUVÉ

Date :

Moment de la journée :

Situation :

Objet :

Interprétation :

SYNCHRONICITÉS

L'OBJET TROUVÉ

Date :

Moment de la journée :

Situation :

Objet :

Interprétation :

SYNCHRONICITÉS

L'OBJET TROUVÉ

Date :

Moment de la journée :

Situation :

Objet :

Interprétation :

SYNCHRONICITÉS

L'OBJET TROUVÉ

Date :

Moment de la journée :

Situation :

Objet :

Interprétation :

SYNCHRONICITÉS

L'OBJET TROUVÉ

Date :

Moment de la journée :

Situation :

Objet :

Interprétation :

SYNCHRONICITÉS

L'OBJET TROUVÉ

Date :

Moment de la journée :

Situation :

Objet :

Interprétation :

SYNCHRONICITÉS

L'OBJET TROUVÉ

Date :

Moment de la journée :

Situation :

Objet :

Interprétation :

SYNCHRONICITÉS

L'OBJET TROUVÉ

Date :

Moment de la journée :

Situation :

Objet :

Interprétation :

SYNCHRONICITÉS

L'OBJET TROUVE

Date :

Moment de la journée :

Situation :

Objet :

Interprétation :

SYNCHRONICITÉS

L'OBJET TROUVÉ

Date :

Moment de la journée :

Situation :

Objet :

Interprétation :

SYNCHRONICITÉS

L'OBJET TROUVÉ

Date :

Moment de la journée :

Situation :

Objet :

Interprétation :

SYNCHRONICITÉS

L'ANIMAL CROISÉ

Date :

Moment de la journée :

Situation :

Animal :

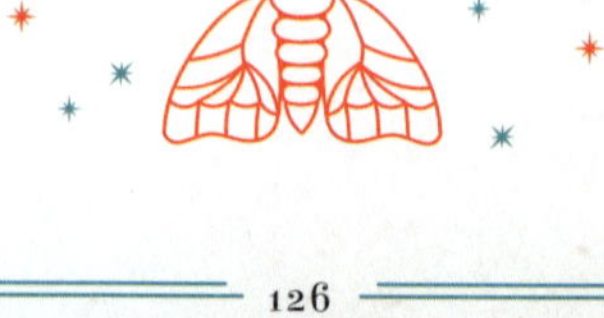

Interprétation :

SYNCHRONICITÉS

L'ANIMAL CROISÉ

Date :

Moment de la journée :

Situation :

Animal :

Interprétation :

SYNCHRONICITÉS

L'ANIMAL CROISE

Date :

Moment de la journée :

Situation :

Animal :

Interprétation :

SYNCHRONICITÉS

L'ANIMAL CROISÉ

Date :

Moment de la journée :

Situation :

Animal :

Interprétation :

SYNCHRONICITÉS

L'ANIMAL CROISÉ

Date :

Moment de la journée :

Situation :

Animal :

Interprétation :

SYNCHRONICITÉS

L'ANIMAL CROISÉ

Date :

Moment de la journée :

Situation :

Animal :

Interprétation :

SYNCHRONICITÉS

L'ANIMAL CROISE

Date :

Moment de la journée :

Situation :

Animal :

Interprétation :

SYNCHRONICITÉS

L'ANIMAL CROISÉ

Date :

Moment de la journée :

Situation :

Animal :

Interprétation :

SYNCHRONICITÉS

L'ANIMAL CROISÉ

Date :

Moment de la journée :

Situation :

Animal :

Interprétation :

SYNCHRONICITÉS

L'ANIMAL CROISÉ

Date :

Moment de la journée :

Situation :

Animal :

Interprétation :

SYNCHRONICITÉS

L'ANIMAL CROISÉ

Date :

Moment de la journée :

Situation :

Animal :

Interprétation :

SYNCHRONICITÉS

L'ANIMAL CROISÉ

Date :

Moment de la journée :

Situation :

Animal :

Interprétation :

SYNCHRONICITÉS

L'ANIMAL CROISÉ

Date :

Moment de la journée :

Situation :

Animal :

Interprétation :

SYNCHRONICITÉS

L'ANIMAL CROISÉ

Date :

Moment de la journée :

Situation :

Animal :

Interprétation :

SYNCHRONICITÉS

SYNCHRONICITÉS

SYNCHRONICITÉS

SYNCHRONICITÉS

SYNCHRONICITÉS

SYNCHRONICITÉS

SYNCHRONICITÉS

SYNCHRONICITÉS

SYNCHRONICITÉS

SYNCHRONICITÉS

....

SYNCHRONICITÉS

Toutes les illustrations sont de Shutterstock

Direction : Guillaume Pô
Direction éditoriale : Élisabeth Pegeon
Conception et suivi éditoriaux : Ludmilla Guillet
Direction artistique : Julie Mathieu
Couverture et mise en pages : Élise Bonhomme
Direction de fabrication : Thierry Dubus
Fabrication : Julia Mirenda

FSC
www.fsc.org
MIXTE
Papier | Pour une gestion forestière responsable
FSC® C104723

Ce livre est composé de matériaux issus de forêts bien gérées, certifiées FSC® et d'autres sources contrôlés.

Achevé d'imprimer en septembre 2023 en Chine